MITOLOGÍA

americana

LIBSA

© 2005, Editorial LIBSA
c/ San Rafael, 4
28108 Alcobendas (Madrid)
Tel.: (34) 91657 25 80
Fax: (34) 91657 25 83
e-mail: libsa@libsa.es
www.libsa.es

Ilustración: Jesús López Pastor
Textos / Edición: Equipo Editorial LIBSA

ISBN: 84-662-0912-3

MITOLOGÍA AMERICANA

INCA

El origen del imperio inca

El imperio inca se extendía en la época prehispánica desde el sur de Colombia, pasando por Ecuador, Perú y Bolivia y por el norte y centro de Chile, hasta el noroeste de Argentina. Los incas vivían en clanes; la tierra era propiedad del *Inca* o soberano, pero estaba repartida entre él, los sacerdotes y el pueblo, que recibía su parcela en función de sus necesidades.

El dios Sol y la diosa Luna siempre estaban distanciados, pero en una ocasión decidieron conocerse, así que se acercaron y durante un día y una noche en el cielo hubo una gran mancha oscura, pues los dos dioses juntos no dejaban pasar la luz. De esa reunión nació el amor entre los dos y así engendraron dos hijos: un niño de piel dorada como el sol y una niña muy hermosa y tan pálida como la luna. Cuando crecieron un poco, sus padres los enviaron a la tierra para cumplir una misión muy importante: ayudar a los hombres que entonces vivían de un modo salvaje y eran mucho más parecidos a las fieras que a los humanos. El Hijo del Sol se dirigió a los hombres para enseñarles el trabajo del campo y de los animales. La Hija de la Luna habló a las mujeres y les enseñó el amor a la familia. Así, en poco tiempo, los humanos empezaron una nueva vida mucho mejor donde todos eran felices y no les faltaba la comida ni pasaban frío. Al Hijo del Sol lo llamaron Inca, que quiere decir «príncipe» y a la Hija de la Luna la llamaron Mamauchic, que significa «madre nuestra»; ellos les protegían y les ayudaban hasta que un día, el dios Sol vio que sus hijos habían cumplido su misión y que los hombres ya podían vivir solos, así que volvió a llamarlos a su lado. Antes de irse, el Inca aconsejó a los hombres que vivieran siempre en paz, que no robaran ni mintiesen y que se ayudasen trabajando juntos. Y así se hizo.

Pachacamac es una voz quechua que significa «el hacedor del Universo». Era la divinidad preincaica de la vida y creador del mundo. Sus orígenes están en la costa de Perú, y se veneraba en el santuario con su mismo nombre, uno de los yacimientos arqueológicos más importantes de Perú.

Cuando comenzó el mundo, no había comida para el primer hombre y la primera mujer que había creado el dios Pachacamac. El hombre murió de hambre y la mujer, desesperada, lloró implorando al dios Sol que le diese de comer. Entonces el Sol bajó a la tierra y escuchó las quejas de la mujer. Conmovido, traspasó con sus rayos a la mujer y engendró en ella a un hijo divino. La mujer tuvo el niño y era feliz, pensando que gracias al trabajo del niño ya nunca le faltaría la comida. Pero el hermano del Sol, Pachacamac, estaba furioso porque la mujer adoraba al Sol en lugar de a él, que había sido su creador, y además sentía cólera porque su hermano le había dado un hijo sin su consentimiento. Para demostrar su poder, Pachacamac se llevó al niño y cumplió cruelmente con el deseo de la mujer de no volver a pasar hambre: mató al pequeño y plantó sus dientes en la tierra; de ellos nació el maíz, que tiene forma de dientecillos amarillos. De las costillas del niño nació la yuca, una raíz blanca como los huesos de la que se saca la harina. De la piel nació el pacay, un árbol que da frutos. Desde entonces nunca nadie más volvió a pasar hambre y los incas adoraban al bondadoso Sol, pero también a Pachacamac, el dios cruel que había cambiado una vida por su alimento.

MANCO

CAPAC

Fundador del pueblo inca

Se cree que Manco Capac pudo ser un personaje histórico, pero su vida real se ha mezclado tanto con la leyenda mitológica que es muy difícil separar lo que fue verdad de lo que no. Dicen que cuando los dioses crearon a los hombres, ellos vivían de un modo salvaje, sin nadie que los dirigiera. Una de las familias más importantes era la de Manco Capac, que tenía otros tres hermanos y otras cuatro hermanas; eran un clan emparentado con los dioses y por eso se les encargó ser jefes del resto de las familias y conducirles hasta el lugar ideal donde construir una gran ciudad que fuera la capital del imperio inca. Pronto, los hombres se dieron cuenta de que era muy difícil tener cuatro gobernantes porque discutían entre sí y daban órdenes confusas, así que decidieron que lo mejor sería elegir al más adecuado. Manco Capac se había destacado como el más valiente y hábil de los cuatro hermanos y fue elegido jefe supremo de los incas, aunque a los otros tres hermanos les otorgaron poderes especiales: el más mayor, que tenía un carácter violento, se encargó de conservar el fuego sagrado de los volcanes; el mediano, que destacaba por su audacia, protegía a los guerreros y el menor, quizá el más prudente, terminó siendo el protector de la aldea y de las familias. Manco Capac llevó a su pueblo hasta el lugar más fértil y resguardado y fundó la ciudad de Cuzco, la más importante y rica del imperio inca.

Al parecer, Manco Cápac murió a los 70 años de edad; parece probable que fuera embalsamado e inhumado en el gran templo del Sol, en Cuzco (Perú).

LA NOCHE

La noche de la mujer

Los indios no podían dormir porque la noche no se había creado y el Sol alumbraba sin parar. Un día, un niño vio que el ratón tenía una noche pequeñita dentro de su cueva y le dijo:

—Ratón, préstame una de tus noches y te daré comida a cambio.

Ésa fue la primera noche. Los indios vieron cómo oscurecía con la noche del ratón y se sintieron felices. Todos se acostaron en sus hamacas, pero el descanso fue muy breve.

—¡La noche del ratón es muy corta! —se quejaron.

Entonces un cazador se fijó en el tapir, que dormía muchas horas y le pidió una de sus noches. Esa segunda noche duró tanto tiempo, que los indios perdieron sus cosechas.

—¡La noche del tapir es demasiado larga! —se quejaron amargamente.

Entonces una mujer pensó: «El niño, como buen niño, encontró una noche muy corta; el cazador, como hombre que es, encontró una noche demasiado larga, pero la mujer encontrará una noche que nos convenga». Se fue al bosque y habló con el armadillo para pedirle que le prestara una de sus noches. Esa fue la tercera noche y fue perfecta, porque no era ni muy larga ni muy corta. Cuando el armadillo volvió para pedir que le devolvieran su noche, la humanidad se negó y por eso el armadillo duerme de día y no para de moverse en la oscuridad: porque no tiene noche.

INCA

Las leyendas incas tenían una amplia tradición oral: se transmitían de padres a hijos de generación en generación.

9

QUETZALCOATL
La serpiente emplumada

Dios y hombre a la vez, a caballo entre la historia y el mito, la figura de Quetzalcoatl plantea numerosos interrogantes.

Los antiguos habitantes de México, tanto de la cultura maya como de la azteca, sintetizaban en el dios Quetzalcoatl casi todas las fuerzas de la naturaleza, tanto buenas como malas. Es uno de los dioses más antiguos y más representados, además de resultar muy fácil de distinguir. Quetzalcoatl significa literalmente «serpiente emplumada», es decir, un reptil con la piel cubierta de plumas de quetzal, que era un ave mágica y poderosa por tener singular belleza y color. Pero además de este significado, coatl significa también «gemelo», es decir, «gemelo del quetzal» y por eso a este dios se le podía también representar como un personaje con dos caras, con doble vertiente. Era el dios de los gemelos y mellizos, de las estrellas, del viento, de la civilización... Se decía de él que había librado una batalla contra el antiquísimo soberano de los cielos y la tierra en una lucha mitológica donde fue vencido y exiliado a la zona del Yucatán. Desde allí, esperaba el momento de su triunfal regreso. Como se suponía que tenía un aspecto corpulento, con la piel muy blanca y con barba (es decir, un aspecto especial, distinto al de los indios normales, con la intención de ennoblecerlo), cuando el conquistador Hernán Cortés llegó a América, el emperador azteca Moctezuma pensó en un principio que, por su piel blanca y su barba, podía tratarse del dios Quetzalcoatl, que regresaba en busca de su reino y lo recibió con homenajes y tesoros.

A este dios se le ofrecían sacrificios humanos de cautivos tomados en combate. Al prisionero se le cubría completamente de gris, que era el color del sacrificio, y quizá se le drogaba, pues los gritos se consideraban de mal gusto en el caso del sacrificio a Huitzilopochtli.

Los antiguos aztecas adoraban a Huitzilopochtli, el dios de la guerra, que tenía un carácter sanguinario y al que había que sacrificar animales y también víctimas humanas para saciar su cólera. De este dios se cuenta, sin embargo, una curiosa y legendaria historia sobre su nacimiento.

Dicen que en lo más remoto de los tiempos, vivía a los pies de la montaña Coatepec una viuda que tenía varios hijos. La viuda subía a rezar a la montaña cada día, pero uno de ellos, del cielo cayó una preciosa bola de plumas del paraíso. La viuda la recogió y lo guardó en su escote para ofrecérselo después a los dioses. Sin embargo, lo que ocurrió fue que quedó embarazada, pero cuando se lo dijo a sus hijos, ellos no creyeron su historia y la insultaron, la expulsaron de la aldea e incluso decidieron matarla para evitar la vergüenza. Mientras, la mujer tuvo un niño que nació con la pierna izquierda cubierta de hermosas plumas y por eso lo llamó Huitzilopochtli, que significa «colibrí en la izquierda». Este niño se convirtió en el dios más poderoso y vengó a su madre matando a todos sus hermanos cuando fueron a buscarla. Por eso luego fue el cruel y sanguinario dios de la guerra.

TLÁLOC

Dios de la lluvia

Tláloc, cuyo significado es «licor de la Tierra», era una de las divinidades más antiguas y veneradas, y su culto se extendió por toda Centroamérica. Era el encargado de enviar el agua a la comunidad a través de sus ayudantes, los *Tlaloques*, seres enanos con forma humana.

Tanto mayas como aztecas veneraban a este dios dándole la misma importancia que al dios Sol. Tláloc era el dios del agua que cae del cielo, de manera que muchas veces era benefactor de los hombres por traerles la lluvia necesaria para el cultivo y por aplacar su sed, pero en otras ocasiones era un dios temido, ya que era responsable del rayo, el trueno y el relámpago que podían matar a los hombres, de las fuertes tormentas que podían destrozar sus aldeas, igual que de las inundaciones o los granizos violentos. Por eso se le ofrecían sacrificios humanos para aplacar su ira: ¡ahogaban algún niño pensando que así la furia del dios desaparecería! Tláloc tenía como esposa a la montaña verde y era natural que fuera así, porque los antiguos mexicanos creían que el agua de la lluvia se almacenaba en el interior de las montañas y después bajaba de allí poco a poco en forma de manantiales y ríos, de manera que ambos dioses debían permanecer unidos. Este dios se representaba en los templos con un aspecto humano, pero en sus ojos grandes y redondos sobresalían dos serpientes entrelazadas que llegan hasta la boca. Normalmente se le vestía de azul –el color del agua–, pero su cuerpo era negro como las nubes en la tempestad; también llevaba una corona de plumas simbolizando las nubes blancas.

A todos nos da un poquito de miedo el aspecto de este mamífero volador y, además, nos recuerda a ciertas leyendas vampíricas... pero, ¿sabías que, por ejemplo, el murciélago es símbolo de buena suerte en China? Descubre el porqué de su aspecto, según una leyenda mexicana.

En el principio de los tiempos, el murciélago era un ser parecido a una mariposa desnuda, sin ningún color ni belleza, y se llamaba «biguidibela» (de biguidi, «mariposa», y bela, «carne»). Era la criatura más fea y desagradable de todas las que existían y, por eso, también la más desgraciada. Además, el murciélago se mojaba con la lluvia y pasaba frío en invierno, mientras que en verano su piel se abrasaba con el sol, porque no tenía nada para protegerse de las inclemencias del tiempo.

Desesperado, el murciélago voló hasta el cielo y suplicó al Creador que le diera unas plumas.

—No puedo dártelas —contestó el Creador—, porque ya las gasté en el resto de las aves. Sin embargo, puedes pedir una pluma a cada ave y traérmelas.

Así lo hizo el murciélago: suplicó al tucán, al loro, al colibrí... pidió a todas y cada una de las aves de la selva una pluma y después regresó al cielo, donde el Creador se las pegó al cuerpo. De este modo, el murciélago se transformó en el pájaro más hermoso y vistoso de cuantos existían, pero además de belleza, empezó a tener orgullo y se burlaba del resto de las aves. Enfurecido ante el desagradecido murciélago, el Creador le sacudió las alas y le despojó de todas sus plumas, volviéndolo negro y peludo. Desde entonces sólo vuela de noche para que nadie pueda notar que es tan feo.

EL MURCIÉLAGO
El castigo al orgullo

MONTAÑAS

Origen del Popocatépetl

La otra montaña es un humeante volcán que recuerda la ira del amante y que se llama Popocatépetl, que significa «montaña que humea».

Hace mucho tiempo los más ancianos contaban que existió un gran guerrero azteca llamado Popo que estaba enamorado de una hermosa muchacha llamada Itzla. Desgraciadamente, estalló una guerra y Popo tuvo que ir a combatir, aunque antes de partir él y su amada Itzla se prometieron fidelidad y amor eterno. En su misma aldea vivía un hombre malvado y envidioso que siempre había estado enamorado de Itzla y que se presentó en su choza con un rostro de falsa tristeza diciendo que Popo había muerto en el combate. La pobre mujer lloró durante días y el mal hombre aprovechó para hacerle regalos y consolarla, hasta el punto de que ella terminó consintiendo en casarse con él. Nada más celebrarse la boda, Popo regresó a la aldea buscando a su amada y al encontrarla casada con otro hombre montó en cólera. La muchacha, sin poder soportar el dolor de la traición y el desamor, se lanzó por un acantilado, muriendo al instante. Poco después, Popo, el amante arrepentido, corrió a buscarla, pero ya era tarde. Viéndola muerta, su desesperación provocó una tormenta de fuego terrible... Desde entonces en el valle de Anáhuac existen dos montañas: el perfil de una de ellas recuerda al de una mujer que yace muerta y que los nativos llaman Iztaccihault, que significa «mujer dormida».

LA TRISTEZA

La fragilidad del hombre

Al principio de los tiempos, un hombre maya vivía en la selva y los animales, conmovidos por su fragilidad, fueron a verle.

—Pídenos lo que desees –le dijeron.

—Quiero ser feliz –contestó el maya.

—La felicidad es algo que no podemos darte –dijeron los animales– pídenos otra cosa.

—Entonces deseo tener una vista tan fina como el zopilote, poseer la fuerza y el valor del jaguar, correr sin cansarme como corre el ciervo, saber cuándo llegarán las lluvias como el ruiseñor, ser tan astuto como el zorro, trepar con tanta habilidad como la ardilla y conocer todas las plantas medicinales como la serpiente que se arrastra entre ellas.

Uno a uno, todos los animales le fueron otorgando el don que pedía: el zopilote le dio su vista, el jaguar su fuerza, el ciervo sus rápidas patas, el ruiseñor le prometió avisar con su bello canto cuando llegaran las lluvias, el zorro le enseñó a ser astuto, la ardilla le enseñó a trepar y la serpiente le regaló su sabiduría. El maya lo cogió todo y se marchó.

Viéndole alejarse cabizbajo, la lechuza dijo:

—El hombre lo tiene todo, lo sabe todo, lo puede hacer todo, pero no tiene la felicidad, ¡pobre animal!

La civilización maya ocupó el Sureste de México, Yucatán y Guatemala.

21

EL MAYA Y EL DIABLO

Los siete deseos

Un maya que vivía en la miseria decidió vender su alma al diablo. Lo invocó y el diablo, viendo que era un hombre bueno, quiso quedarse con su alma, de modo que le ofreció siete deseos, uno para cada día, a cambio de su alma. El primer día, el maya pidió dinero y el diablo le llenó la casa de oro y riquezas de tal modo que tendría suficientes para el resto de su vida. El segundo día, el maya pidió tener una buena salud y el diablo se lo concedió. El tercer día, el maya pidió comida y el diablo le puso una mesa llena que jamás se terminaba con los mejores manjares. El cuarto día, el maya pidió una compañera que le amase y con la que compartir una familia y el diablo hizo aparecer la mujer más hermosa y dulce que fue madre de sus hijos. El quinto día, el maya pidió poder y el diablo lo convirtió en rey. El sexto día, el maya pidió conocer el mundo y el diablo le ayudó a viajar hasta el último rincón llenando sus ojos de sabiduría por todo lo que había visto. El último día, el astuto maya pidió, por capricho, que el diablo convirtiera los frijoles negros en blancos. El diablo se puso a lavarlos, pero los frijoles no se volvieron blancos. Enfadado, el demonio perdió el alma porque no pudo conceder al maya el séptimo deseo, pero para vengarse, desde entonces creó otros tres tipos deliciosos de frijoles: los blancos, los amarillos y los rojos.

TUPÁ

Dios de los guaraníes

Para los guaraníes, pueblo agricultor gobernado por chamanes, Tupá era el dios más importante, el dios creador de todas las cosas, bondadoso y protector porque siempre estaba dispuesto a ayudar a cualquier ser que sufriera. Él regaló a los hombres la luz y la tierra. Junto a su esposa Arasy creó también los ríos y los mares, la selva, las estrellas y todos los seres que pueblan el mundo, tanto los animales como las plantas.

Para crear a la humanidad, Tupá mezcló arcilla con plantas mágicas y agua, obtuvo una pasta y esculpió con ella la figura del primer hombre y la primera mujer. Luego los dejó secar a la luz del sol y, cuando el agua se evaporó, las figuras cobraron vida. Antes de dejarles en libertad, Tupá les explicó cómo debían vivir en armonía, amarse y cuidar de su familia, además de enseñarles cómo convivir con los animales, de poner las plantas a su servicio y de explicarles cómo cultivar la tierra. Antes de irse, Tupá dejó junto a ellos a Angatupyry, el espíritu del bien que velaría por ellos, pero también a Taú, el espíritu del mal que es el responsable del odio, de la guerra y de la maldad de algunos hombres.

Los guaraníes fueron una etnia que habitó muchas zonas de América del Sur, sobre todo Brasil, Argentina, Paraguay, Uruguay y Bolivia. De su mestizaje con los colonizadores españoles, que llegaron a sus tierras en 1515, procede la actual población paraguaya.

25

EL MATE

Regalo de la Luna

La palabra «mate» tiene su origen en el vocablo quechua *mati*, que quiere decir «calabaza». La calabaza, secada y vaciada, servía como recipiente para la yerba mate, y, por extensión, se llama *mate* a la propia infusión de la planta.

Cuenta la leyenda que la Luna deseaba pisar esa alfombra verde y suave que era la tierra para poder ver el cielo y las estrellas desde abajo. Miraba fascinada la inmensidad del mar y la belleza de los árboles y lloraba lágrimas de plata por no poder alcanzar ese deseo. Entonces, las nubes sintieron lástima y crearon una espesa niebla para que la Luna pudiera bajar pisando ese mullido colchón. Nada más llegar, la Luna se volvió niña y correteó muy feliz entre la vegetación, mirando las flores y los riachuelos. Pero, en su alegría, no vio llegar al jaguar, que enseguida se abalanzó sobre ella. Por suerte, un cazador salió entre la espesura y mató al animal para salvar a la niña, a la que después llevó a su cabaña. La familia era muy pobre, pero aun así, cocinaron para la niña la última tortilla de maíz que les quedaba…

Viendo su extrema necesidad, la Luna, emocionada, se puso a llorar y sus lágrimas cayeron junto a la choza del cazador. Al día siguiente, en ese mismo lugar, había crecido una nueva planta que, al prepararla en infusión, reconfortaba y daba consuelo y alegría a quien la tomara y que era el regalo de la Luna a los que la salvaron.

IASÁ

El primer arco iris

Hace mucho tiempo, en Brasil, vivía una hermosa muchacha llamada Iasá. Era tan bella que el mismo dios Tupá estaba enamorado de ella pero, por desgracia, también el demonio la amaba y sufría una terrible envidia al ver la tierna relación entre Iasá y Tupá. Desesperado por los celos, el demonio se presentó ante la madre de Iasá y le prometió riqueza y comida en abundancia el resto de su vida si le entregaba la mano de su hija. La mujer era muy ambiciosa, así que aceptó el trato. Cuando Iasá se enteró de su compromiso, se puso a llorar y le pidió al demonio que al menos le dejara ver a su amante Tupá sólo una vez más antes de perderlo para siempre. El demonio no quiso negárselo, pero le puso como condición que se hiciera una herida en el brazo para que siguiendo el rastro de sangre pudiera ir tras ella hasta el cielo. Al caminar, Iasá iba dejando un arco de sangre roja. Entonces Tupá quiso engañar al demonio y ordenó al sol que dejara una arco amarillo junto al rojo. Después el cielo dejó un arco azul, y el mar, un arco de color azul más oscuro, añil.

Debilitada por la herida, Iasá cayó en la tierra que, mezclada con su sangre, formó un arco naranja. Ese naranja salpicó al arco azul creando un nuevo arco violeta. Por último, la hierba creó un arco verde. Ese fue el primer arco iris.

EL BASILISCO

Miradas que matan

El Basilisco era el producto de la unión de un gallo con una serpiente, la cual ponía un huevo que era custodiado por un sapo.

Antiguamente, en la zona donde ahora está Argentina, se creía en la existencia de ese extraño animal al que llamaban Basilisco. El Basilisco nacía de un huevo de gallina más pequeño y de distinto color que el normal. Se contaba que si no se destruían esos huevos quemándolos enseguida, de ellos saldría un animal terrible con forma de serpiente, cabeza de gallo y cola de dragón que atraía la desgracia a los habitantes de la casa. Solía refugiarse en un rincón de la cocina y su poder principal era el de matar con la mirada a cuantos le veían. Por eso las casas estaban llenas de espejos, porque así el Basilisco podía verse reflejado y matarse a sí mismo con la mirada. También se achacaba al Basilisco la responsabilidad de ser el que causaba la tos de un enfermo, pues se tragaba su aliento y le dejaba con apenas su silbido de reptil. Otra de sus terribles consecuencias era la de tomarse la leche de la madre mientras entretenía al bebé dejándole chupar su cola, e incluso se decía de él que si en lugar de mirar a una persona se fijaba sólo en una parte de su cuerpo, esa parte quedaría sin vida y paralizada para siempre.

IGUAZÚ

Aguas grandes

Entre Brasil, Argentina y Paraguay se extienden tres kilómetros de saltos de agua con una altura media de 80 metros que son las cataratas del río Iguazú. Esta impresionante muestra de la naturaleza está en mitad de la selva más hermosa y tiene tanta belleza que no es extraño que los antiguos habitantes guaraníes contaran que se crearon de una forma legendaria. Dicen que a las orillas del río vivía en tiempos muy remotos una muchacha de singular hermosura. Era tan bella que uno de los dioses se enamoró perdidamente de ella y la seguía con la mirada y con el corazón en cada movimiento que hiciera por la selva, siempre dispuesto a protegerla y a hacer crecer las flores más aromáticas a su paso. Pero un día la mujer conoció a un cazador que era fuerte y valiente y se enamoró de él. Pensó que entre contraer matrimonio con un dios que nunca moriría ni envejecería o con un hombre mortal como ella, era preferible lo segundo y eligió al cazador como esposo. Para huir de la ira del dios, los jóvenes esposos se marcharon río abajo en una canoa, pero el dios estaba terriblemente celoso y enfurecido y, para evitar que pudieran huir, creó las cataratas del Iguazú, donde detuvo a los amantes, que nunca pudieron ser felices.

Alvaro Núñez Cabeza de Vaca fue el primer europeo que llegó a las cataratas del Iguazú, en diciembre de 1541. El espectáculo de las cataratas reforzó su fe religiosa, pues las llamó «Salto de Santa María». Sin embargo, terminó por imponerse el nombre que le habían dado los guaraníes: *I-Guazú*, es decir, «aguas grandes».

33

EL GIRASOL

Regalo del Sol

El origen del girasol se remonta a 3000 a.C. en el norte de México y oeste de EE.UU. La semilla del girasol fue introducida en España por los colonizadores españoles y luego se extendió a Europa.

Una antigua leyenda guaraní cuenta que una vez hubo dos tribus vecinas que vivían junto al río Paraná. Los jefes de estas dos poblaciones, llamados Pirayú y Mandió, eran buenos amigos y por eso Mandió pensó que sería muy buena idea casar a su hijo con la hija de Pirayú, de modo que en el futuro sus gentes quedaran unificadas. Con la mejor intención fue a exponérselo a su amigo, pero éste se negó:

—Mi hija está consagrada al dios Sol y por eso no puede casarse con ningún hombre.

Mandió se enfureció considerando la negativa como un desprecio y tramó una venganza: esperó a ver a la doncella tumbada al Sol como era su costumbre, para hacerla caer en una trampa que era una jaula con los barrotes de madera.

—¡Pídele ahora a tu dios Sol que te libere! —gritó Mandió.

La muchacha, con lágrimas en los ojos, imploró al cielo:

—¡Sol, no permitas que muera aquí, déjame seguir viendo tu brillante rostro!

Y en ese momento quedó convertida en una hermosa flor amarilla que, durante todo el día sigue con la cabeza el movimiento del sol y que todos conocemos con el nombre de girasol.

ELDORADO

La leyenda

Antes de que el mundo tuviera memoria, los indios de una pequeña aldea practicaban un extraño ritual. En un día señalado, el jefe del poblado se desnudaba y untaba todo su cuerpo con una sustancia pegajosa. Después dejaba que una fina capa de oro en polvo lo cubriera por completo, pues quedaba adherida a su cuerpo y le daba un aspecto mágico, brillante y majestuoso. Luego subía a una barca, también cubierta de oro, con un séquito igualmente dorado y se adentraba en las aguas del lago. Desde el centro justo, el jefe se zambullía y todo el polvo dorado de su cuerpo se desprendía y quedaba flotando unos instantes sobre el agua. Creían que ofrecer la riqueza del oro al río traería buena suerte y fertilidad a la aldea.

Cuando los españoles llegaron a América y supieron la existencia de esta costumbre, la noticia se fue tergiversando, diciendo primero que era un hombre dorado, luego un hombre de oro con su séquito también de oro, para pasar a ser una ciudad enteramente de oro, un país maravilloso lleno de riquezas que muchos trataron de encontrar con ambición desmedida, aunque nunca fue hallado.

En la zona donde ahora se encuentra Colombia se cuenta desde tiempos muy antiguos una leyenda de riqueza y poder que nadie ha podido alcanzar jamás: se trata de Eldorado... A pesar de que el ritual que dio origen a la leyenda había desaparecido antes de la llegada de los españoles, los conquistadores se negaron a admitir que tanta riqueza fuera cosa del pasado y se organizaron numerosas expediciones para buscarla.

MANITÚ

El Gran Espíritu

Kitchi Manitú, también conocido como Manabozho o el Gran Espíritu era para los indios de las praderas en Norteamérica el ser esencial creador de todo lo que existe. Hay una bonita leyenda sobre cómo Manitú enseñó a un pequeño guerrero indio su sabiduría.

El pequeño Ojibwa deseaba que todos en la aldea le respetaran como a un gran cazador, así que había presumido de ser el mejor de todos. Su abuelo entonces le había retado a cazar un reno para demostrarlo y él había salido al bosque muy contento… Pero aquello no era tan fácil. En primer lugar, el reno se le había escapadado corriendo más deprisa que él, después había huido cuando oyó a Ojibwa pisar unas hojas secas y, por último, cuando estaba a punto de darle caza, su flecha se desvió al asustarse cuando sonó un relámpago. Estaba pensando todo esto cuando apareció Kitchi Manitú ante él y le dijo:

—Para ser un gran cazador debes entrenarte y ser ágil, flexible, fuerte y más rápido que tu presa. Debes ser más sigiloso que el tigre en la noche y debes aprender a superar tu miedo. Pero sobre todo debes volver a tu aldea y reconocer ante tu abuelo que estabas equivocado, que eres aún demasiado joven e inexperto para ser un gran cazador. Sólo así habrás aprendido la humildad que necesita el mejor guerrero.

TÓTEMS

Entidades de la naturaleza

Los indios norteamericanos eran pueblos de gran espiritualidad. Aunque existieron muchas etnias distintas separadas por tribus y clanes, todas ellas tenían en común su especial modo de ver la vida: se sentían muy unidos a la naturaleza que les rodeaba, de manera que para ellos todo tenía un carácter sagrado, tanto el aire, como la tierra, el bosque o los animales. Su perfecta comunión con el ambiente natural y la creencia de que las cosas tenían dentro un espíritu sagrado hizo que muchos de ellos otorgaran cualidades a los animales, es decir, aquellos animales que solían tener un comportamiento previsible, estaban cargados con ese poder. Por ejemplo, el zorro era astuto, el búfalo fuerte, el perro leal o el ciervo ágil. Presuponían que cualquier parte de ese animal (la piel, la pezuña, una pluma…) o simplemente su representación (un dibujo, una talla, etc.) era portador de las energías del animal y por tanto se las otorgaba a quien lo llevara. De hecho, las familias o clanes solían ponerse bajo la protección de uno de esos animales o tótems y así existieron el clan del oso o el clan de la tortuga, por ejemplo. ¿Qué tótem hubieras elegido tú de ser un indio de las praderas? ¿Quizá el águila por su libertad, o el búho por su sabiduría? ¿El gato por su independencia, o la capacidad para transformarse de la mariposa…?

¿Sabías que el tótem más alto mide 53 m? Fue erigido en 1973 en Aler Bay (Vancouver, Canadá), patria de los *kwakiutl*, tribu india que ya construía tótems hace centenares de años. La erección de un tótem iba acompañada por ceremonias rituales llamadas *potlatch*, en las que se bailaba y se realizaban distintos tipos de concursos y competiciones.

EL PUERCO ESPÍN

Un premio al ingenio

Los chippewas, pueblo indígena de Canadá también conocido por el nombre de «ojibwas», aseguraban que hace muchos, muchos años, antes de que todos naciéramos y de que el mundo fuera mundo, el puerco espín no tenía esas púas afiladas que ahora le caracterizan, sino una piel suave y sedosa. De ese modo, cuando algún animal grande y feroz atacaba al puerco espín, a este indefenso animalito sólo le quedaba una solución: trepar hasta lo alto de un árbol y esperar a que pasara el peligro. Pero en cierta ocasión un pequeño puerco espín se subió a un árbol de espino tratando de huir de un oso y, al notar cómo pinchaban sus ramas, se le ocurrió una idea: ponerse algunas sobre el lomo y encogerse como una pelota. Cuando el oso intentó atraparlo, se pinchó y, dolorido, terminó por marcharse sin haber hecho ningún daño al pequeño animal. El dios Manabozho, el Gran Espíritu o Gran Manitú, lo había visto todo y estaba sorprendido por el ingenio del puerco espín, de manera que decidió concederle un premio. Aquella noche, mientras dormía, le extendió un poco de barro sobre el lomo y a continuación le pegó unas cuantas ramitas de espino, creando una superficie erizada. Desde ese día, todos los puerco espines tienen púas para protegerse de aquellos animales que quieren atacarles.

EL BÚFALO

El castigo a la crueldad gratuita

Hace mucho tiempo, en Canadá, ya existían los búfalos que pastaban en rebaños por la pradera, pero entonces no tenían aún joroba. El búfalo era un animal fuerte y poderoso al que le gustaba mostrar su fuerza. Corría por la pradera sin motivo, sólo por el placer de que los otros animales le contemplasen y le admirasen. Los pájaros eran los que más sufrían este capricho del búfalo, porque algunos de ellos anidaban en el suelo y temían que un búfalo corriera hacia allí y pisoteara sus huevos. Por eso estaban aliados con los zorros, que corrían ante los búfalos y les avisaban cuando los búfalos se dirigían hacia allí. Pero una vez, los zorros, como astutos y traidores que suelen ser, no avisaron a los pájaros y los búfalos llegaron corriendo y pisaron todos los nidos destrozando los huevos. El dios Manabozho lo vio y decidió castigar a los que habían sido crueles sólo por diversión. Primero golpeó fuertemente con un palo al búfalo en el lomo, éste, asustado, encogió la cabeza entre las patas y el dios le castigó a permanecer siempre así, con la cabeza gacha y una joroba sobre los hombros. Los zorros, viendo lo que les había sucedido a los búfalos, corrieron a esconderse haciendo agujeros en la tierra y el dios los castigó a vivir siempre en el suelo húmedo y frío.

¿Sabes cuál es la «teoría de los búfalos»? Una manada de búfalos sólo se mueve tan rápido como se puede mover el búfalo mas lento, y cuando la manada es cazada, los búfalos más lentos que están al final de la manada son los que mueren primero. Es una selección natural: la salud del conjunto mejora por la muerte regular de sus miembros más débiles.

45

TORO BRAVO Y NUBE AZUL

Una hermosa historia de amor

Los ancianos sioux aún recuerdan la hermosa historia de amor entre Toro Bravo, un joven cazador ágil y valeroso y Nube Azul, la muchacha más hermosa de su tribu. Ambos se amaban con pasión y deseaban casarse, de modo que fueron a hablar con el anciano más honorable y le pidieron consejo:

—Ayúdanos a conseguir un talismán que nos mantenga siempre unidos –le pidieron.

—Nube Azul –respondió el anciano dirigiéndose a la mujer– sube a la montaña del norte sola y atrapa vivo con la ayuda de una red el mejor halcón que habite allí. Toro Bravo, sube a la montaña del sur sólo con esa red y caza viva el águila más vigorosa de todo el territorio. Los dos jóvenes cumplieron con su misión esforzándose al máximo y regresaron con sus presas ante el anciano.

—Ahora atad sus patas con un cordón de cuero y dejadlas volar libremente.

Así lo hicieron, pero los animales, al verse atados, no podían levantar bien el vuelo y hartas de estorbarse, empezaron a dañarse la una a la otra a picotazos.

—Esta enseñanza será vuestro talismán –dijo el anciano–. Si os atáis, aunque sea por amor, terminaréis haciéndoos daño. Volad juntos, pero jamás atados.

EL CERVATILLO

y su camisa moteada

Según los sioux, cuando la cierva tuvo a su hijo vio que el cervatillo era tan delicado e indefenso que temía por él. «Mi pequeño –pensaba la cierva– aún tardará en aprender a caminar y cualquier animal podría atacarle». El Creador vio lo que pasaba y sintió lástima del cervatillo. Entonces aspiró el aire con tanta fuerza, que dejó al cervatillo sin ningún olor. Después trajo una suave piel de ante, sopló sobre ella y encima cayeron hojas secas amarillentas y trozos de tierra marrón y anaranjada. Todos esos colores quedaron impresos en la piel y el Creador se la dio a la cierva diciéndole:

—De ahora en adelante, todos los cervatillos usarán una camisa moteada como esta hasta que crezcan y así estarán a salvo porque ningún animal podrá distinguirlos entre los árboles y la tierra.

ÍNDICE